Ketsia PIERRE

Les échos de mon silence

Un bébé de vingt ans

©Kabowd 2024

ISBN : 9798338550700

Email : ketsiapierre@gmail.com

Aveu
À Mon Dieu, mon Sauveur

Toi Qu'es mon créateur
Comment ne pas t'aimer de tout Cœur ?
Toi Qu'es Mon libérateur
Je veux te louer à toute heure

Le Dieu digne de tout honneur
Dans le monde t'imposes le bonheur
Tout comme les arbres et les fleurs
Toute ma vie dépende de mon Créateur

Dédicaces

A ceux qui rêvent, et qui sont déterminés de laisser des traces positives sur le chemin de la génération qui suivent.

Bonne dégustation !

Avant-propos

J'ai rédigé de nombreux textes et sujets pendant mon adolescence. Je voulais les imprimés, pour les présentés aux publics intéressés. Hélas ! Mes démarches étaient insuffisantes pour affronter les obstacles rencontrés. A un temps, je les aie déposés, parce que, j'ai perdu l'intérêt.

Dernièrement, j'ai pris du temps pour réviser ses travaux. Ce moment me fait comprendre que mes capacités étaient probablement abstraites. Face à mes expériences, je me demande si elles pouvaient être visibles ? Est-ce que l'aveuglement physique de mon père ne rendait pas mon entourage immédiat aveugle malgré la (santé) vigueur de leurs vues ?

Mon passé me pousse à me question sur combien de personnes avec de grands potentiels sont désorientées à cause de leurs milieux ? Que Dieu vous protège de la stigmatisation. Conjointement, sachez qu'il est une impératives de rêver constamment et de travailler en conséquences. Surtout, Restez focus et vigilant !

« *Les échos de mes silences* » sont parmi mes inspirations datés de vingt ans environs. C'est pourquoi ce livre est surnommé *« un bébé de vingt »*.

Introduction

Les échos de mes silences

J'ai vécue des silences sonores
Dans des sonorisations visuelles
Bornes sous le guide des aveugles
La passion de voir, je l' ignore

J'ai vécu dans une forêt
Une vie comme au désert
Je dormais avec les yeux ouvert
Dans des rêves j'ai accouché des vers

En plein calme, j'entendais des bruits
Des sons, des voix, des échos qui philosophie
Pourquoi rêver la vie malgré la clarté du soleil ?
Est-ce pour l'explorer en plein sommeil?

Combien de vie enchérissent leur mort?
Comment vivre quand on est mort?
Comment on meurt? Comment on vie?
La vie, on en jouit ou elle nous jouit?

Questions !!! Où sont les réponses enfin?
Pourquoi vivre dans des imaginations sans fin?
Que vais-je faire au récolte du vide?
Concrètement la réalité me réponde

Le monde n'est pas sourd, l'univers veut t'entendre
Ton âme ne peut crier sans l'encre
Par contre, Je prends ma plume pour faire comprendre
Les échos de mes silences mes tendres

Ruminement de ma Patrie

Yon chans pou ayiti

Peyi m ap soufri
Peyi m fin peri
Pa gen lespwa lavi
Tout bagay sanse detwi

Peyi pan m se Ayiti
Yo te rele l Pèl dè anti
Jounen Jodi a pami tout peyi
Kijan yo rele w Ayiti ?

Nan peyi m Ayiti
M pa konprann la nati
Pye bwa yo fin detwi
Tout bèl zwazo fin mouri

An Ayiti anyen pa souri
Pa gen lagrikilti
M pa konprann lakilti
Tout kote se lavi di

Anpil moun ap mouri
Anba move lavi
Gen anpil ki pati
Al chache pi bon lavi

Si n renmen peyi n Ayiti
Menm ke l gen lavi di
Nou t ap sispann pati
Nou t ap ini, a lavni pou l souri

Yon chans pou Ayiti ka souri
Yon chans pou Ayiti pa peri
Yon chans pou l sispann soufri
An n ini e bati peyi n Ayiti

Peyi m an danje

Gade nan ki sitiyasyon Peyi m rive!
Tout kote w pase moun ap tonbe
Tout lajounen se rèl san rete
Mwen pa fouti wè kot sa prale

Pafwa m kriye san rete
Men ki kesyon m ap poze
Eske se vre?
Eske sa m wè yo se verite?

Tout lòt peyi ap mache
Menm jan ak yon baton segonn ya p vanse
Ayiti menm rete kanpe
Li pa fouti deplase

Li pa jwenn yon bourad pou l sa vanse
Men tout moun rete kanpe
Pi mal pase telespektatè
De bwa kwaze, y ap obsève

Yon sèl bagay tout moun vle
O Fòk se mwen k ap dirije
Yo toujou vle fè w espere
Sa pral pi bon lè y ap dirije

Men yon bagay pou n pa inyore
Pawòl yon Pwovèb kise :
Tout sa ki p ap avanse
se rekile l ap rekile

Peyisan m yo, an n met pouvwa sou kote
An n pran konsyans pou n wè depi kilè n kanpe
An n kale je n pou n ka vanse
An n ini pou pi lwen pi wo pou n ka rive

Rèv mwen pou Ayiti

Anpil fwa an Ayiti
rèv tout moun se pati
Rèv pa m se pa pati
Rèv pa m se pou bati Ayiti

Se vre an Ayiti lavi a di
Anpil moun se detwui y ap detwui
Jounen jodi a m ap di
Rèv pa m se pou konstwui Ayiti

M wè ti peyi m piti
Depi lontan l ap soufri
Rèv pa m pou ayiti
Se pou l souri kon lòt peyi

Mwen reve gen lavi
Pou m viv rèv mwen an Ayiti
M pa kwè se Ayiti Bondye pi rayi
Mwen reve wè yo lè l ap beni

Yon jou mwen vle l souri
Menm jan ak tout peyi
Yon jou se pou gran kou piti
Fè fòs Ayiti pandan y ap ini

Yon jou se pou l pot lavi
Yon jou se pou lespwa grandi
Yon jou se pou se pou lanmou fleri
Yon jou se fòk lavi di fini

Men pi gwo rèv mwen pou Ayiti
Se depi Jodi a pou jouk Jezi vini
Pou tout Ayisyen ini
Ansanm pou yo bati Ayiti

Ayiti pa mouri

Aprè tout tès m fè pou Ayiti
Byenke depi lontan l ap soufri
Gen espwa pou Ayiti
Paske Ayiti pa mouri

Malnitrisyon fè pitit le mouri
Malantant fè nan tout kafou yo blayi
Jodia pou n sispann fè soupi
M ap di manman n Ayiti pa mouri

Malgre Anpil moun mouri
Pou nou lavi pa fini
Gen lespwa pou Ayiti
Tanpri an n fè remèd pou li

M pa vle n bay tèt nou manti
Ayiti p ap mouri
Sèlman le anemi
Ini pou n ini pou l ka gen lavi

Anemi se yon gwo maladi
Si Ayiti anemi
Ba l sewòm pou l pa mouri
Met tèt ansanm pou l gen lavi

Si m te Espwa

M t ap simaye nan tout Ayiti
Wi, nan lespri tout fanmi
Pou yo konnen yo se avni
E Ayiti pap fin peri

M ta pral kay tout komèsan
Ti machann, gwo bisisman
Pou n fè yo tout konprann
Ayiti pa e l pap tounen sann

M ta pral kot religye yo
Pou yo pa sèlman priye pou yo
Pou yo priye tou pou priye yo
Paske Ayiti se pou yo

M tap pral dekouraje tout parese
Ak tout vòlè, chimè, kidnapè
Asasin ak tout kadejakè
Pou yo ka bay peyi a yon ti lè

M ta pral kot moun kap fè vyolans
Pou yo ka bay peyi a yon chans
Menm jan ak tout lòt kote pou l gen sans
M pa kwè se nou k nan malchans

M tap fè lanmou fleri
Nan tout figi t ap gen souri
Tout lòt nasyon t ap vinn anvi
Viv nan yon ti peyi tankou Ayiti

Si sèlman m te lespwa
M t apral kot sila yo ki san la fwa
M t ap di yo yon lòt fwa
Si se pou Ayiti gen espwa

Si sèlman m te lespwa
M t ap simaye nan lespri nwa
M t ap fè yo sot nan fènwa
Nan tout kè t ap gen lajwa

M konnen pa lespwa
M fè pati de pèp nwa
M ap lite ak lafwa (lespwa)
Yon lè pou n sot nan fènwa

Scénario du cœur

Sincèrement

Sincèrement je te le dis
A mes yeux tu n'as pas de prix
Prendre mes mains je t'en prie
Car je t'aime à l'infini

Sincèrement, je suis sincère
Je veux t'avoir de tous manière
Pour que tu sois plus qu'un père
Et me libérer de toute misère

On te dit que je suis infidèle
Que je suis cruelle
Et que j'aime les querelles ?
Sincèrement, je te serai fidèle

Sincèrement mon chéri
Mon amour sera ton prix
Prendre mes mains pour la vie
Car je t'aime à l'infinie

Je veux t'avoir

Je veux t'avoir pour te voir
Et aussi comme miroir pour me voir
Je veux t'avoir et dès ce soir
Etre la plus noble de ton tiroir

Oh oui, le tiroir de ton cœur
Pour m'épargner de tous peur
Et m'évite tous malheur
Et qu'on puisse jouir ensemble le bonheur

Je veux t'avoir mon chéri
Pour toujours dans ma vie
Dans la santé comme dans la maladie

Je veux t'avoir en vérité
Je veux t'avoir pour t'aider
Je veux t'avoir pour t'aimer

Une courte phase

En cet honorable jour
Je me présente encore pour te dire
Avec l'énergie de mon âme
Et sincérité de mon cœur
Une courte phrase ……..

Pour moi c'est trop populaire
Reçois-la comme nouvelle
Car mon cœur ne me donne
Pas autres choses à te dire
Qu'une simple et courte phrase ……..

Une phrase qui traduit
  La vérité de mon âme
Une phrase qui traduit la sincérité de mon être
Une courte et petite phrase ……..

Une phrase pour t'expliquer mes regards
Oui ! Pour t'expliquer la joie en mon cœur
Et l'occupation de mes pensées
Elle traduit aussi mes rêves et mes sentiments
Oui, c'est une courte et jolie phrase …….

En ce grand et bénéfique jour
Humblement devant ta face
Doucement par mes gestes et ma voix
Je me suis présentée pour te dire
Cette courte et unique phrase …….

……………………………………….. Je t'aime !!!

Ann rekonsilye

Chak jou m leve kè m t ap chache
L te gentan chache plizyè kote
Lè se sou ou je m vin tonbe
E m arive damou w san rete

Lè m ap reyalize kijan sa te ye
Bèl pawòl nou te konn pale
Tout kote ansanm nou konn ale
Men kijan sa vin pase

                    Ann rekonsilye !!!

Men sa map di preske chak jou
Eske se mwen ousison ou
Ki pa konprann sa k rele lanmou
Kifè n ap fè bagay moun fou

Ann panse dodou
N ap wè nou te fou
An n rete sou ray lanmou
Pou n mache ansanm pou toujou

Attention !! Attention !!!
Nous devons prendre des précautions
Afin que cette réconciliation
Dure de génération en génération

Nous devons avoir une bonne gestion
Ensuite une bonne compréhension
Toujours de bonnes réactions
Ensemble vivre la réconciliation

Voici pourquoi je t'aime

Je t'aime parce que tu es bel
Tu n'as pas l'air d'un criminel
Tu n'es pas si charnel
Et tu sembles être fidèle

Je t'aime parce qu'en tes yeux
Je ne vois autre que bonheur
Pour cela voici mon vœu
Pour toujours je te donne mon cœur

Je t'aime mon petit beau, beau
Parce que tu n'es qu'un cadeau
Si on te dit que je ne t'aime pas c'est faux
Tu m'es aussi important que l'eau

Je t'aime parce que tu es très doux
Et tu n'es pas si jaloux
Si tu savais la grandeur de mon amour
Tu seras plus qu'un fou, fou …

Je t'aime parce que toutes tes choses sont belles
De belle voix comme l'hirondelle
Tu possèdes de beaux yeux comme la gazelle
Toute cette chose me rend passionnelle

Je t'aime parce que tu es toi même
Je t'aime parce que tu m'aime
Je t'aime parce que je t'aime
Oh ! Oui toi …. Je t'aime

On te dit – même si …… avec toi

On te dit que je suis infidèle
Je vole plus haut que les tourterelles
Oh se tout jounen m ap byen fè l
Depi yo di ti pitit ou bèl

Oh ! Oh ! Charmante demoiselle
Tu es belle comme l'arc-en-ciel
Humm… tu me rends passionnel
Tu es plus belle que les hirondelles

Ses phrases sont si belles et une voix douce comme du miel
J'arrive à franchir toute les portes du ciel parce que je suis trop infidèle ?

Ne me considère pas comme infidèle
Toutes ces paroles ne sont pas réelles
Envers moi ils sont cruels
Ils sont placés seulement pour des querelles

Je pourrais être pas pucelle
Mais je te serais fidèle
Prendre mon cœur charnel
Avec et pour toi je serais fidèle

Cadences de mon cœur

Pâques

Pourquoi Jésus est-il mort sur la croix

Ah j'espère que vous le savez

Quiconque fait la volonté de Dieu

Unir dans l'esprit avec Lui

Et ensuite qui fixe le regard sur Lui

Sera sauvé au dernier jour

Pou tout Lavi m, mwen renmen w

Poukisa ou inyore lanmou **M**

Oswa, Kisa pou m di **W** ?

Utilite w se pa bagay m ka kont**E**

Tout jounen kè m gen yon sèl chanso**N**

Oui mwen renmen w for eve**R**

Utilite w m p ap janm fin kont**E**

Toutan ou menm m ap toujou renme**N**

Lan kè m, nan lespri m , enfin ou andan **M**

Viktwa pami tout moun ou genye**N**

Importance ke ou gen pou mwen **O**

Mwen renmen w se sa m vle deklare o**U**

Manmie Jesula

Manman m se yon zanJ

Ah sa m p ap ignorE

Nou ka pa bay sa enpòtanS

Men ak yon kè ki nU

Imaj Bondye se imaj pa L

E mwen pap janm ka fin ekplike lanmou sA

Papa

Pierre angulaire de toutes les familles

Admirable dans ses responsabilités

Porteur d'énergie et de bonheur équilibrés

A toi **Selon Dieu** l'hommage de toute la famille

Papa

Soit honorer et respectés

Mystères

La vie ! Qui es-tu ?

Tout moun leve yo jwenn ou
Kiyès ki fin imajine
Yon vrè definisyon pou ou ?
Pou di kiyès ou ye vre ?

Mwen leve mwen jwenn lavi
Sa sèlman tout moun ap di
Souf mwen ap bat san rete
M ap mouri lè li kanpe

Tout moun leve jwenn lavi
Sa k gen dis, sa k gen swasann dis
Men tout moun ou sonde
Yo pa fouti di konbyen yo rete

Chak tan yon moun mouri
Tout moun oblige di
Se lè li ki rive
Eske yo te konn kilè l t ap ale ?

Si se konsa ebyen
M ap fon ret imagine
Petèt m ap defini w kanmènm
Tout tan de ou y ap pale

Lavi se premye kado
Chak moun gen chans jwenn
Se sèl fason yon moun genyen
Pou viv sou tè sa mèvèy Bondye yo

Lanmò

Lanmò se yon pèsonaj ki pa limite
Ki pa janm kriye onè,
Pou l pa kriye respè
Kelkeswa kote l pase

Kelkeswa sa li te ye
Moun bèt elatriye
Pou vike l ap pase
Sa l jwenn li pot ale

li te mèt malere li te mèt grandèt
li te mèt timoun li te mèt aje
se te mèt gwo savan oubyen analfabèt
tout gen pou pa li al yon sèl kote

Li pa janm nan poze kesyon
petèt n a gen chans mande padon
li toujou pase san atann de tanzantan
epil pa janm nan pèdi tan

Pou kèlkeswa moun li te ye
Lanmò pa konn nan predi
Eske se pwofèt li ye ?
Sa l pèdi nan bay pwofesi ?

lanmò pa nan tann moun reflechi
li pa pwofesè matematic
ni tou l pa nan fè tilitichi
paske l pa konn fè literati

li se yon gran pèsosnaj se vre
men li soud, li avèg, li bèbè
li fè sal vle nenpòt kilè
Si Bon Dye pèmèt li nenpòt kote

li pase souvan sa se filing pa l
men pa gen moun ki abitye avèk li
li toujou bay yon aspè dwòl
sa fè anpil moun pa renmen l

adye ! Depi w te fèt ou ka mouri
Preparew lè lanmò pou w pa regrèt lavi

Conclusion

Mon bébé de vingt ans

J'ai voulu embrasser le monde autrement
Tous me demandaient : comment? Comment?
Je voulais palper l'amour
J'aime odorisé ma patrie
Questionner le tout pour comprendre
Écrire pour d'expliquer des mystères

J'ai pris du temps pour réaliser finalement
L'occasion m'est offerte dans des mondes imaginaires
C'est pourquoi noir sur blanc
Je propose à cette génération
Avec enchantement et empressement
Mon bébé de vingt ans

"Les échos de mes silences"

Table des matières

Aveu..3
Dédicaces.....................................5
Avant-propos...............................7

Introduction
Les échos de mon silence................11

Ruminement de ma Patrie
Yon chans pou ayiti........................13
Peyi m an danje..............................15
Rèv mwen pou Ayiti.......................17
Ayiti pa mouri................................19
Si m te Espwa.................................23

Scénario des cœurs

Sincèrement..29

Je veux t'avoir..31

Une courte phase....................................33

An n rekonsilye.......................................35

Voici pourquoi je t'aime.........................39

On te dis - même si …… avec toi…….….41

Cadences de mon cœur

Pâques..45

Pou tout Lavi m, mwen renmen w...........47

Manmie   Jesula.....................................49

Papa..51

Mystères

La vie ! Qui es-tu ?..................................55

Lanmò...57

Conclusion

Mon bébé de vingt ans............................61

www.ingramcontent.com/pod-product-compliance
Lightning Source LLC
Chambersburg PA
CBHW030048230526
45471CB00003B/1001